© Copyright 2021 - Joseph Lackey All Rights Reserved.

ISBN: 978-1-7356762-4-1

No part of this book may be reproduced or transmitted in any form or by any means; graphic, electronic, or mechanical, including photocopying, recording, taping, or by any information storage retrieval system without written permission of the author.
Printed in the United States of America

WELCOME TO OURSTORY!

A fun and interactive way to learn about culture!

Inside you will find information about people, places, and things that tell you about aspects of OUR culture.

Always remember, OURSTORY did not start in chains, it started with the beginning of the Human Race!

I hope you enjoy, learn, and share your experience! Be sure to purchase OURSTORY Volume 2 as well as other works by **SunKissedPrint**.

— JOSEPH LACKEY

OURSTORY
Word Search

CAREERS
Find the careers in the list below.

```
I T Z E X Q R L P V A R T W V T P D L B
Z G T B X T S A R O U V V W N F V E S B
L B C F U Q X W I E U M W E R A S G K S
A Q G Z K Z G Y N Q B U V H U Y R C R D
B J V F Q W G E C K W O W V C P D N U O
M B A N K E R R I B B B V P T V C N S Y
N P I P F P B W P V Z J T A D S U G S F
J U D G E E H D A C Q Q C Z N G L U T S
S Y B R G N M J L B Q Z O H C H A Y C V
I M T R D X J K V K Y R N I G N Q J E Q
A N H E E R N T F V C R D S N N I B A L
E L V S Z R W J I C Q I V T E Z D O A Q
K M H E T U L I T Y B H S O N R W K I M
G D C A N E K N T R Z B A R G E X F R N
R N O R D T B B H F Z D F I I T U C P L
U X N C N P O L I T I C I A N X M V F W
S P U H T S K R D W S J T N E B E S J H
E A C E B O F T Y P J Q G T E A C H E R
H F A R M E R K S U B V I G R I M N N O
A I A K J N H B N G J X J U A D T A K B
```

BANKER   DOCTOR   ENGINEER   ENTREPRENEUR
FARMER   HISTORIAN   INVENTOR   JUDGE
LAWYER   POLITICIAN PRINCIPAL   RESEARCHER
TEACHER

Culture

Find words about OUR culture in the list below.

```
U F E M Q S G S D J O S Y J M G E C X F
I Y X Z W L H X C A F N Y J S K Q K K D
R T I P F M I L V H I L T S C V I F Q F
L I P C D A U P Q C Q U R U O O P H T J
C V C U S T U F G W C L T F S I E F L F
S T U S Q O T Z E N G A L H C P F U Y K
K G O J U A F A M C F K K V O Q J G A J
D E Z V B S Q B Z M M D C C J U O B Y D
J A S L N H X Y D V A E W Q T L P W H Q
G K L N R E Y F O B T I Z C O B P U O P
M Z A R S Q S Y C O H U X R D S V K U M
G S O R N Q S V T F E Y T Y E X V C R G
K G D T P F Y P R K M S N C L C K B S C
T Y N W I U B C C E A W N H E X M U S T
A G M N M W N R F Q T E X B U Y R Z A E
Q L S D F Z K I Z T I F H E H O M K H L
X X M E P W L O T C C F B I H P U O C C
B S Q T F J M T S Y S Q G S I F S K E M
T I A B O A A O D X E R U F F C E D O V
R C C L E V X X O J N Q D C A F C B M S
```

ASTROLOGY	BA	HORUS	HOURS
KA	LIFE	SCIENCES	UNITY
MATHEMATICS			

Geography

Find OUR geography from ancient culture.

```
S N N D B H Z W A G P S C W O Y I U K X
E C Q N Z J Y O G E V K Y K G D T R Y S
H J N N X N V N P V X A O V V G V U Q X
Z D R I K P I I W L F R U S P K F R V S
Q U O C Q E U L D Q A F J Z D D D P P G T
N G K W T R B E E J R B F M V D Z O E
Z B U J Z X E V N V U K M L C R C A E L
D P H U A X A A Z C A X X E J F A O Y P
N L K N J F M L C J F L Q O J U F I J Z
K H K Z E I T L K X T A L H P A G L O T
M M T B L P G E B S Q E R E P K K S C R
W Z F I P W H Y O Q I R H A Y Q I Y M J
Y E K A Q I H R T P I K E K R F S I N J
Z T E Y Q T A I A V G E W D A B B Y X D
M F H S F J B V T U X G R V M N L B V I
V I A M K H S E I E Y I T L I L Q N G L
G C M A U D Q R C E N S N I D E J F J O
H S B M M V N Y N U B I A U X P P I H S
K K F Y J H B F J K G B L U E N I L E P
F A T Y O C X I V F Y T K E M E T G Y B
```

BLUE NILE   KEMET   MT KILIMANJARO
NILE VALLEY   NILE VALLEY RIVER   NUBIA
PYRAMID   TEHKAN   WHITE NILE

Historians

Find OUR Historians from the list below.

```
Z T V X X S J T X U N Q M N U G Y J T Y
A Y D K C W M C Y M G Z I W I Z A O P B
N P C K U U K E O V L G P J M R H H L G
B B J H A S A H I L L I A R D O R N C C
J U Y G A K D T O X E Q W L H Q A C Y D
I Q U V H N I L F N P Z O O C N A L V H
Q F A Z K F C L A W D A U G N N A A B Y
M A E K U H X E I L P S V A R E N R H J
G O F K M C X A L M W M H W K Y E K H M
T B A X I D O C Z L A C E T U X B E W A
I D T B L A N T H O N Y B R O W D E R
M W M O U K I E Y J Q R J N O K I Q W
R U T A S H H M N J M R W A F B Z O I C
I F V P G M G E A M Z Q L I R M Q J L H
X E Q J Z B B A E N P D C C L O F C Y C
E L B D U F J Q E N J G A C V L V T C G
X E C H E I K H A N T A D I O P I V X Z
C H E S Q A D J E H W R R J H E I A H M
G E O R G E G M J A M E S O O O M V M T
A Y Y I U J A V H Y D F F I T Y E I N S
```

ANTHONY BROWDER   ASA HILLIARD   JOHN CLARKE
GEORGE G M JAMES   IFE KILIMANJARO   YAHRA AANEB
TDKA KILIMANJARO   YOSEF BEN-JOCHANNAN
CHEIKH ANTA DIOP   CHANCELLOR WILLIAMS

OURSTORY
Crossword Puzzles

SUN KISSED PRINT

Careers Crossword

Across

1. A person who listens to both sides and decides the outcome
4. A person who presents a side to the judge
6. A person who leads the school
8. A person who looks for answers
9. People who help make rules
10. A person who helps others learn
11. A person who makes ideas real
12. A person who creates things that does not exist
13. A person who learns the details of history

DOWN

2. A person who specializes in parts of the body or medicine
3. a person who helps finance transactions
5. a person who creates jobs
7. a person who grows necessary food

Culture Crossword

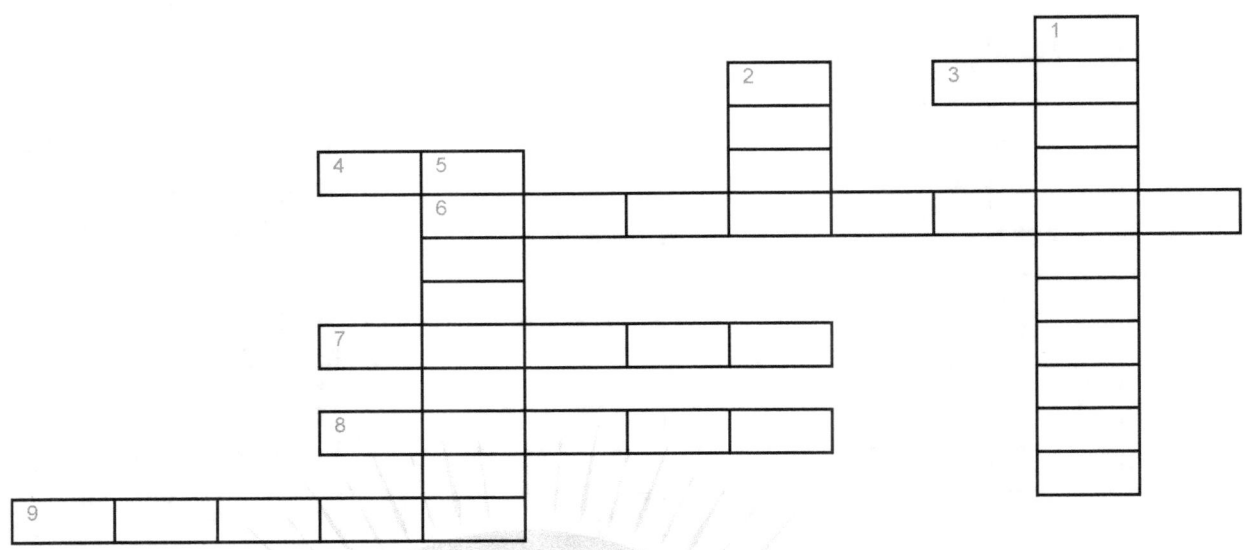

Across
3. The spirit of a person in ancient Black culture
4. The soul of a person in ancient Black culture
6. Systematic study of the physical and natural world through observation and experimentation
7. Falcon headed god in ancient Black culture
8. Unit of time named after an ancient Black deity
9. The principle of working together to achieve a goal

Down
1. The study of numbers, shapes, and patterns
2. One of the most important aspects of ancient Black culture. A collection of choices and experiences
5. The study of the movement of stars

Geography Crossword

Across
4   Tallest free-standing mountain in Africa
5   Half of it evaporates as it goes through Sudd
6   River containing silt
7   Burial place for royalty
8   The world's first great civilization
9   The world's first skyscrapers. Known today as 'obelisks'

Down
1   The Land of the Blacks or Black Land
2   The Land of Gold
3   The world's longest waterway. Runs from south to north

OURSTORY
Word Scrambles

Careers

Unscramble the words.

1. NEKBRA _____
2. CODORT _____
3. NREEEING _____
4. TENEUPNEERRR _____
5. AFEMRR _____
6. SOHRNITIA _____
7. RITNVENO _____
8. DJGUE _____
9. LWARYE _____
10. NPACOITILI _____
11. LAPPRINCI _____
12. RECRSEHARE _____
13. ARTECHE _____

Culture

Unscramble the words.

1. ASTROLOGY   _____
2. AB   _____
3. RHOSU   _____
4. OHUSR   _____
5. AK   _____
6. FLIE   _____
7. CITMHATESMA   _____
8. ENCICESS   _____
9. IYUTN   _____

Geography

Unscramble the words.

1. LEBU LINE _____
2. MKETE _____
3. OMNUT LIKMAJONAR _____
4. LINE AVELYL _____
5. LINE AVELYL VIRRE _____
6. UBANI _____
7. RPAMYID _____
8. KATEHN _____
9. THEWI LINE _____

OURSTORY
Reflection Journal

Using the careers from the puzzles OR other careers you think of, answer the questions in the reflection journal section of this activity book.

Everything we do should <u>FIRST</u> help OUR family and <u>SECONDLY</u>, help OUR community.

THAT WILL BUILD US A STRONG SOCIETY!

Revisit this journal every (3) three months or as often as necessary.

Reflection Journal

Today's Date: _____

What do I want to be/do when I grow up? _____
_____

How will that profession help my family? _____
_____
_____
_____

How will that help my community? _____
_____
_____
_____

Today's Date: _____

What do I want to be/do when I grow up? _____
_____

How will that profession help my family? _____
_____
_____
_____

How will that help my community?
_____
_____
_____
_____

Reflection Journal

Today's Date: _____

What do I want to be/do when I grow up? _____
_____

How will that profession help my family? _____
_____
_____
_____

How will that help my community? _____
_____
_____
_____

Today's Date: _____

What do I want to be/do when I grow up? _____
_____

How will that profession help my family? _____
_____
_____

How will that help my community?
_____
_____
_____
_____

Reflection Journal

Today's Date: _____

What do I want to be/do when I grow up? _____
_____

How will that profession help my family? _____
_____
_____
_____

How will that help my community? _____
_____
_____
_____

Today's Date: _____

What do I want to be/do when I grow up? _____
_____

How will that profession help my family? _____
_____
_____
_____

How will that help my community?
_____
_____
_____
_____

Reflection Journal

Today's Date: _____

What do I want to be/do when I grow up? _____
_____

How will that profession help my family? _____
_____
_____
_____

How will that help my community? _____
_____
_____
_____

Today's Date: _____

What do I want to be/do when I grow up? _____
_____

How will that profession help my family? _____
_____
_____
_____

How will that help my community?
_____
_____
_____
_____

OURSTORY
Answer Keys

CAREERS - ANSWER KEY

Find the careers in the list below.

```
I T Z E X Q R L P V A R T W V T P D L B
Z G T B X T S A R O U V V W N F V E S B
L B C F U Q X W I E U M W E R A S G K S
A Q G Z K Z G Y N Q B U V H U Y R C R D
B J V F Q W G E C K W O W V C P D N U O
M B A N K E R R I B B B V P T V C N S Y
N P I P F P B W P V Z J T A D S U G S F
J U D G E E H D A C Q Q C Z N G L U T S
S Y B R G N M J L B Q Z O H C H A Y C V
I M T R D X J K V K Y R N I G N Q J E Q
A M H E E R N T F V C R D S N N I B A L
E L V S Z R W J I C Q I V T E Z D O A Q
K M H E T U L I T Y B H S O N R W K I M
G D C A N E K N T R Z B A R G E X F R N
R N O R D T B B H F Z D F I I T U C P L
U X N C N P O L I T I C I A N X M V F W
S P U H T S K R D W S J T N E B E S J H
E A C E B O F T Y P J Q G T E A C H E R
H F A R M E R K S U B V I G R I M N N O
A I A K J N H B N G J X J U A D T A K B
```

BANKER	DOCTOR	ENGINEER	ENTREPRENEUR
FARMER	HISTORIAN	INVENTOR	JUDGE
LAWYER	POLITICIAN	PRINCIPAL	RESEARCHER
TEACHER			

Culture - ANSWER KEY

Find words about our culture in the list below.

```
U F E M Q S G S D J O S Y J M G E C X F
I Y X Z W L H X C A F N Y J S K Q K K D
R T I P F M I L V H I L T S C V I F Q F
L I P C D A U P Q C Q U R U O O P H T J
C V C U S T U F G W C L T F S I E F L F
S T U S Q O T Z E N G A L H C P F U Y K
K G O J U A F A M C F K K V O Q J G A J
D E Z V B S Q B Z M M D C C J U O B Y D
J A S L N H X Y D V A E W Q T L P W H Q
G K L N R E Y F O B T I Z C O B P U O P
M Z A R S Q S Y C O H U X R D S V K U M
G S O R N Q S V T F E Y T Y E X V C R G
K G D T P F Y P R K M S N C L C K B S C
T Y N W I U B C C E A W N H E X M U S T
A G M N M W N R F Q T E X B U Y R Z A E
Q L S D F Z K I Z T I F H E H O M K H L
X X M E P W L O T C C F B I H P U O C C
B S Q T F J M T S Y S Q G S I F S K E M
T I A B O A A O D X E R U F F C E D O V
R C C L E V X X O J N Q D C A F C B M S
```

ASTROLOGY   BA   HORUS   HOURS
KA   LIFE   SCIENCES   UNITY
MATHEMATICS

21

Geography - ANSWER KEY
Find OUR geography from ancient culture.

```
S N N D B H Z W A G P S C W O Y I U K X
E C Q N Z J Y O G E V K Y K G D T R Y S
H J N N X N V N P V X A O V V G V U Q X
Z D R I K P I I W L F R U S P K F R V S
Q U O C Q E U L D Q A F J Z D D P P G T
N G K W T R B E J R B X F M V D Z O E
Z B U J Z X E V N V U K M L C R C A E L
D P H U A X A A Z C A X X E J F A O Y P
N L K N J F M L C J F L Q O J U F I J Z
K H K Z E I T L K X T A L H P A G L O T
M M T B L P G E B S Q E R E P K K S C R
W Z F I P W H Y O Q I R H A Y Q I Y M J
Y E K A Q I H R T P I K E K R F S I N J
Z T E Y Q T A I A V G E W D A B B Y X D
M F H S F J B V T U X G R V M N L B V I
V I A M K H S E I E Y I T L I L Q N G L
G C M A U D Q R C E N S N I D E J F J O
H S B M M V N Y N U B I A U X P P I H S
K K F Y J H B F J K G B L U E N I L E P
F A T Y O C X I V F Y T K E M E T G Y B
```

BLUE NILE	KEMET	MT KILIMANJARO
NILE VALLEY	NILE VALLEY RIVER	NUBIA
PYRAMID	TEHKAN	WHITE NILE

Historians - ANSWER KEY

Find OUR Historians from the word bank below.

```
Z T V X X S J T X U N Q M N U G Y J T Y
A Y D K C W M C Y M G Z I W I Z A O P B
N P C K U U K E O V L G P J M R H H L G
B B J H A S A H I L L I A R D O R N C C
J U Y G A K D T O X E Q W L H Q A C Y D
I Q U V H N L F N P Z O O C N A L V H
Q F A Z K F C L A W D A U G N N A A B Y
M A E K U H X E I L P S V A R E N R H J
G O F K M C X A L M W M H W K Y E H M
T B A X I D O C Z L A C E T U X B E W A
I D T B T L A N T H O N Y B R O W D E R
M W M O U K I E Y J Q R J N O K I Q Y W
R U T A S H H M N J M R W A F B Z O I C
I F V P G M G E A M Z Q L I R M Q J L H
X E Q J Z B B A E N P D C C L O F C Y C
E L B D U F J Q E N J G A C V L V T C G
X E C H E I K H A N T A D I O P I V X Z
C H E S Q A D J E H W R R J H E I A H M
G E O R G E G M J A M E S O O O M V T
A Y Y I U J A V H Y D F F I T Y E I N S
```

ANTHONY BROWDER   ASA HILLIARD   JOHN CLARKE
GEORGE G M JAMES   IFE KILIMANJARO   YAHRA AANEB
TDKA KILIMANJARO   YOSEF BEN-JOCHANNAN
CHEIKH ANTA DIOP   CHANCELLOR WILLIAMS

Careers Crossword - ANSWER KEY

```
        J U D G E
          O
          C
          T
          O           B
          R       L A W Y E R
      P R I N C I P A L
    F     T           K
    A     R E S E A R C H E R
    R     E
    M     P O L I T I C I A N
T E A C H E R
    R     E N G I N E E R
          N
      I N V E N T O R
          U
      H I S T O R I A N
```

Across

1. A person who listens to both sides and decides the outcome
4. A person who presents a side to the judge
6. A person who leads the school
8. A person who looks for answers
9. People who help make rules
10. A person who helps others learn
11. A person who makes ideas real
12. A person who creates things that does not exist
13. A person who learns the details of history

DOWN

2. A person who specializes in parts of the body or medicine
3. a person who helps finance transactions
5. a person who creates jobs
7. a person who grows necessary food

Culture Crossword - ANSWER KEY

```
                              M
                    L     K   A
                    I         T
         B   A      F         H
             S C I E N C E S
             T               M
             R               A
         H O R U S           T
             L               I
         H O U R S           C
             G               S
     U N I T Y
```

Across
3. The spirit of a person in ancient Black culture
4. The soul of a person in ancient Black culture
6. Systematic study of the physical and natural world through observation and experimentation
7. Falcon headed god in ancient Black culture
8. Unit of time named after an ancient Black deity
9. The principle of working together to achieve a goal

Down
1. The study of numbers, shapes, and patterns
2. One of the most important aspects of ancient Black culture. A collection of choices and experiences
5. The study of the movement of stars

Geography Crossword - ANSWER KEY

```
            K                           N
            E                           U
            M                           B
            E       N                   I
        M T K I L I M A N J A R O
                    L
        W H I T E N I L E
                    V
                    A
            B L U E N I L E
                    L
                    E
            P Y R A M I D
                    R
            N I L E V A L L E Y
                    V
            T E H K A N
                    R
```

Across
4. Tallest free-standing mountain in Africa
5. Half of it evaporates as it goes through Sudd
6. River containing silt
7. Burial place for royalty
8. The world's first great civilization
9. The world's first skyscrapers. Known today as 'obelisks'

Down
1. The Land of the Blacks or Black Land
2. The Land of Gold
3. The world's longest waterway. Runs from south to north

Word Scramble ANSWER KEY
CAREERS

1. BANKER
2. DOCTOR
3. ENGINEER
4. ENTREPRENEUR
5. HISTORIAN
6. INVENTOR
7. JUDGE
8. LAWYER
9. POLITICIAN
10. PRINCIPAL
11. RESEARCHER
12. TEACHER

Word Scramble ANSWER KEY
CULTURE

1. ASTROLOGY
2. BA
3. HORUS
4. HOURS
5. KA
6. LIFE
7. MATHEMATICS
8. SCIENCES
9. UNITY

Word Scramble ANSWER KEY
Geography

1. BLUE NILE
2. KEMET
3. MOUNT KILIMANJARO
4. NILE VALLEY
5. NILE VALLEY RIVER
6. NUBIA
7. PYRAMID
8. TEHKAN
9. WHITE NILE